MANUEL

DE L'AMATEUR

DU

JEU DE BILLARD.

AVIS IMPORTANTS.

Il est bon de faire remarquer aux amateurs, que les règles générales et particulières insérées dans ce volume, souffrent certaines modifications dans plusieurs des grandes villes de la France ; il sera donc prudent, avant de prendre part au jeu, de consulter, sur la nature de ces modifications, les habitués du lieu où l'on se trouvera.

Les règles générales et particulières de ce jeu, ont été imprimées en forme de tableau, en trois feuilles, sur beau papier grand raisin collé, pour être affichées dans les salles de billard. Elles se trouvent chez les principaux libraires, et notamment aux adresses portées aux titres de cet ouvrage, où elles se vendent (les trois réunies), 1 fr. 50 c.

Chacune séparément 60 centimes.

On a imprimé derrière la 3.ᵉ feuille, le Vocabulaire des termes employés au jeu de billard, tel qu'il se trouve page 57 et suivantes de ce volume.

L'éditeur de cet ouvrage a placé à la fin de ce volume un certain nombre de feuillets de papier blanc à écrire, afin que l'amateur puisse tenir ce manuel au courant des innovations dans les règles des parties connues, tenir note de la démonstration des coups surprenants qu'il aura vu exécuter, et inscrire les règles des parties nouvellement inventées ou importées de l'étranger.

MANUEL
DE L'AMATEUR
DU
JEU DE BILLARD,

CONTENANT:

1.º *Une Explication de ce très-beau Jeu;* 2.º *les Règles générales qui lui sont applicables;* 3.º *les Règles particulières à chacune de ses vingt-cinq parties principales;* 4.º *un Vocabulaire complet des termes employés par les Joueurs les plus renommés, etc., etc.*

NOUVELLE ÉDITION

REVUE ET AUGMENTÉE PAR UNE RÉUNION D'AMATEURS;

ET PUBLIÉE PAR **BLISMON.**

A PARIS,

CHEZ DELARUE, LIBRAIRE, QUAI DES AUGUSTINS, N.º 11,

ET A LILLE, CHEZ CASTIAUX, LIBRAIRE.

Tous les exemplaires qui ne porteront pas la
signature ci-dessous seront réputés contrefaits.

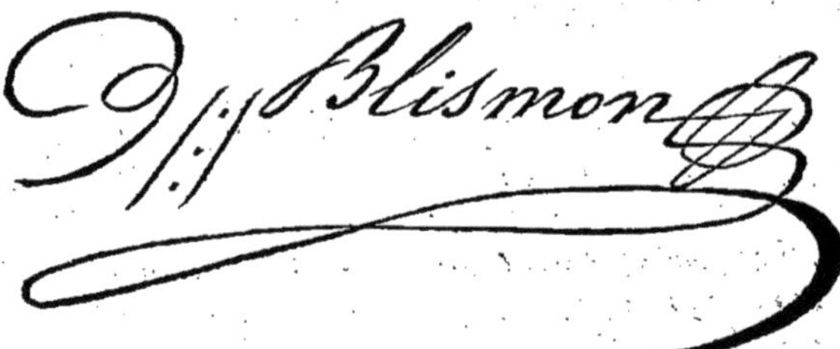

Nota. Les propriétaires de billards publics prient instamment
Messieurs les joueurs, de s'abstenir de frapper avec les queues,
soit à terre, soit sur le billard; ils les prient également de ne
point frapper sur le drap en posant une bille.

LILLE.—IMPRIMERIE DE BLOCQUEL.

TABLE.

Fin de la table.

MANUEL
DE L'AMATEUR
DU JEU DE BILLARD.

Le Billard est un jeu d'adresse et d'exercice ; il consiste à faire rouler sur une table entourée de bandes, une bille pour en frapper une ou plusieurs autres, et les faire entrer dans des blouses ou enfoncemens demi-circulaires pratiqués aux quatre coins et au milieu des deux grands côtés de cette table.

Toute la difficulté de ce jeu se montre dans la manière de frapper avec sa bille celle de son adversaire, ou les autres billes posées sur la table, afin de les faire tomber dans les blouses, en évitant d'y faire tomber la sienne (1).

Pour pousser sa bille on se sert d'un instrument de bois nommé *queue*, qui a environ cinq pieds de longueur, dont le gros bout (*la masse*) a environ deux pouces de diamètre, et le petit bout à peu près six lignes.

On commence par mesurer de l'œil le chemin que

____

(1) A la partie de la perte, le joueur doit au contraire chercher à se blouser (*Voyez* page 24).

l'on veut faire suivre à sa bille , ce qui s'appelle *mi-rer* ; prenant ensuite la queue de la main droite , et le corps tendu en avant , on se met en devoir d'ajuster en soutenant le petit bout entre le pouce et l'indicateur de la main gauche que l'on appuie sur la table , qu'on nomme aussi *le billard* ; dans cette position et à l'aide de la queue , on pousse sa bille avec plus ou moins de force , en allongeant ou en retirant le bras , et en l'attaquant plus ou moins loin de son centre (à droite , à gauche , dans le haut ou dans le bas) , selon la position des autres billes sur le tapis , et selon le résultat qu'on désire obtenir de son coup (1).

Dans le vocabulaire des termes employés au jeu de billard , nous avons ajouté toutes les explications qui nous ont paru nécessaires pour la parfaite intelligence de ce jeu ; nous y renvoyons le lecteur.

---

(1) Voyez la démonstration des coups surprenants exécutés au moyen des *effets de queue*, publiée par *Orlando*, volume in-8.° avec 41 planches.

RÈGLES GÉNÉRALES

APPLICABLES A TOUTES LES PARTIES DU JEU DE BILLARD.

ARTICLE PREMIER.

Avant de commencer la partie, les deux joueurs *tirent le billard.* Celui dont la bille, poussée du quartier, s'arrête le plus près de la petite bande du bas, après avoir touché la petite bande du haut, a le droit de commencer ou de faire jouer son adversaire avant lui. Les joueurs doivent donner leur coup ensemble. Pour que le coup soit bon, il faut que les billes en roulant ne se rencontrent pas. Si les billes se rencontrent, les joueurs recommencent.

2. Lorsque l'on est en main, il n'est permis dans aucune partie, celle à six billes et la partie anglaise exceptées, d'avoir le corps ou les pieds hors de la direction des deux grandes bandes, c'est-à-dire hors des deux lignes parallèles que l'on pourrait tirer sur le plancher comme prolongement de ces bandes ; c'est ce qu'on appelle *être dans le billard.*

3. Il n'est jamais permis non plus de jouer sans avoir au moins un pied sur le plancher, ni d'abandonner la queue des deux mains en poussant sa bille après avoir visé le coup.

2

4. Lorsque ajustant son coup, un joueur touche légèrement sa bille, et, par un second coup, s'empresse de la pousser ensuite, son adversaire a le droit, avant de jouer, d'exiger non-seulement le point, mais encore ceux qui pourraient être perdus par suite du second coup ; le remplacement des billes est à la volonté de l'adversaire.

5. Celui qui *bâtonne* sa bille perd trois points, et il la prend en main, si l'adversaire l'exige. Si celui-ci réclame seulement le point, ou les points du manque à toucher, la bille reste où elle est.

6. Lorsque l'on *queute* ou lorsque l'on *billarde*, on perd un point, les billes restent où elles se trouvent ; s'il y a des points faits, ils ne sont pas comptés, et le jeu continue. (Ici les mots *queuter* et *billarder* ont la seconde des diverses acceptions qui leur sont données dans le vocabulaire ci-après page 58 et page 63).

7. Par la perte on donne à l'adversaire les points que l'on aurait gagnés par le carambolage, ou par les billes faites, si l'on ne s'était point perdu, excepté aux parties où la perte est une adresse et la condition d'un gain.

8. Le manque de touche compte un point à l'adversaire.

9. Le saut hors du billard de toute bille autre que celle du joueur est nul, les points faits en même temps sont bons. Celle du joueur compte comme une bille perdue lorsqu'elle saute.

10. Le joueur qui dérange une bille en repos , perd un point ; la bille est replacée , et le coup se joue.

11. Celui qui arrête ou détourne la bille de son adversaire avant qu'elle ait atteint celle vers laquelle elle était dirigée , perd autant de points qu'il eût été possible d'en faire si le coup eût complétement réussi [1]. Si la bille arrêtée ou détournée appartient au joueur qui l'arrête , l'autre joueur peut la faire placer contre la bande vers laquelle elle se dirigeait.

12. La bille qui , arrêtée sur le bord d'une blouse , y tombe naturellement avant que le joueur suivant ait commencé de jouer , appartient au coup précédent pour la perte ou pour le gain ; si elle y tombe pendant que la bille du joueur roule , mais avant d'avoir été touchée par elle , elle sera remise en place.

13. Le joueur qui reçoit des points , peut , s'il a omis de les compter , les rappeler pendant tout le cours de la partie.

14. La bille posée exactement à cheval sur la ligne du quartier , est réputée dedans , c'est-à-dire que le joueur en main ne peut la toucher qu'après avoir pris la bricole de la petite bande du haut.

---

(1) On n'entend pas ici , admettre que le joueur dont la bille a été arrêtée recevra toujours , par exemple , sept points à la partie ordinaire , ou dix-huit à la partie Russe ; mais seulement qu'il recevra le nombre de points que la direction de sa bille et la force du coup rendaient possible , au jugement de la galerie ou du maître du billard.

15. Lorsqu'on joue une autre bille que la sienne , on perd seulement son coup; si cette bille est de couleur , elle se place sur la blouse ou à son poste , au choix de l'adversaire ; si c'est une bille blanche , son poste est en main.

Si celui qui se trompe joue avec la bille de l'adversaire , on suit la règle précédente , avec la différence que ce dernier est libre d'adopter , pour la suite , celle des deux qui lui plaira.

16. Dans toutes les parties possibles le joueur qui a perdu la dernière , commande pour commencer la suivante. Cependant , dans les parties à suivre , l'usage veut que le gagnant ait le droit de commencer.

Nota. *Plusieurs articles des règles générales ci-dessus , ne sont pas applicables aux parties qui se jouent avec des quilles ou le casin; c'est aux règles qui sont propres à ces parties que , dans tous les cas , il faut se conformer de préférence.*

RÈGLES PARTICULIÈRES

A CHACUNE DES DIFFÉRENTES PARTIES DU JEU DE BILLARD.

Partie française ordinaire,

OU LA CARAMBOLE.

ARTICLE PREMIER. La partie française ordinaire se joue en vingt points, avec trois billes : une rouge et deux blanches.

Chaque joueur ne joue qu'un coup; celui qui commence doit jouer sur la rouge.

2. La rouge se place sur la mouche du haut ; les joueurs gardent les autres billes et, chacun à son tour, au moment de jouer, place la sienne dans le demi-cercle de la ligne du quartier ; pourtant le joueur qui, étant en main, jouera une bille au même à l'une des blouses du milieu, devra placer sa bille sur la mouche du bas (celle qui est au milieu de la corde).

3. La rouge faite, vaut trois points ; les blanches, deux points, et le carambolage, deux points. Il en est de même pour la perte, c'est-à-dire que le joueur qui se perd sur la rouge perd trois points ;

sur les blanches , deux points ; sur le carambolage , deux points.

4. Les joueurs, après avoir remarqué leurs billes, tireront le billard en touchant la petite bande d'en haut ; celui dont la bille s'arrêtera le plus près de la petite bande du bas, sera le maître de jouer le premier ou de faire jouer son adversaire ; mais il ne faut pas, pour que le coup soit bon, que les billes, en roulant, se rencontrent (*Voyez* art. 1.er, page 9).

5. Lorsqu'un joueur est en main, il doit jouer les deux pieds et le corps dans le billard, et au moins un pied à terre.

6. Le joueur en main qui aura joué sans avoir le pied à terre, ou sans être dans le billard, ou sans placer sa bille dans le demi-cercle ou sur la mouche quand il devait le faire, aura bien et régulièrement joué, c'est à-dire qu'on ne pourra revenir sur le coup qui sera bon pour la perte comme pour le gain ; car c'est à l'adversaire à le prévenir avant de le laisser jouer, et à lui faire observer la règle, parce qu'il n'y a pas de surprise au jeu de billard.

7. Le joueur averti à temps, et qui néanmoins a joué, perd un point, et son coup est nul ; s'il a fait la rouge, elle est remise sur la mouche ; s'il a fait la blanche, elle est relevée et en main. Il ne perdra qu'un point et le résultat sera le même en cas de perte : le joueur ne pouvant perdre plus de points qu'il en aurait gagné s'il ne s'était pas perdu.

8. Le joueur qui joue la bille de son adversaire pour la sienne, a bien et régulièrement joué s'il n'a pas été prévenu, le coup est bon pour la perte et pour le gain ; mais s'il avait été averti, il perdrait trois points, l'avantage de son coup, et les billes resteraient où elles se trouveraient sur le billard.

9. Le joueur qui, sur le coup de bas, préfère donner un point au lieu de chercher à toucher, doit chasser sa bille de manière à ce qu'elle passe au moins les blouses du milieu.

10. Le saut est nul, excepté pour la bille du joueur qui perd trois points s'il a joué sur la rouge ou s'il l'a faite ; deux, s'il a carambolé, s'il a joué sur la blanche où s'il l'a faite ; et enfin quatre, cinq ou sept, s'il a gagné quatre, cinq ou sept points sur le coup qui a fait sauter la bille. La bille est réputée sautée si elle reste sur la bande, si elle retombe sur le billard, ou si, par une cause indépendante du joueur, elle est renvoyée sur le tapis.

11. Le joueur qui perd la partie a le droit de faire jouer son adversaire, ou de jouer le premier. Dans tout état de choses, qui quitte la partie la perd.

12. Quand la rouge est faite ou qu'on l'a fait sauter, le joueur doit, avant de jouer, attendre qu'elle soit remise sur la mouche ; s'il joue auparavant, il perd un point et l'avantage de son coup. Mais en cas de perte, s'il manque de touche, il perdra trois points. S'il a touché et carambolé,

deux points ; s'il a touché ou fait la rouge , trois points ; et ainsi de suite.

13. Si le joueur qui manque de touche dérange d'autres billes , les billes dérangées sont remises à leurs places, et , outre le point de manque de touche, il perd encore autant de points qu'il a dérangé de billes.

14. Le joueur en main qui, s'ajustant pour jouer sur une bille du haut, en dérange une qui se trouve dans le bas , perd un point et l'avantage de son coup ; la bille dérangée est remise à sa place. Toutes les fois qu'un joueur dérangera une bille en s'ajustant, il en sera de même, et son adversaire aura le droit de l'empêcher de jouer son coup , si le coup de queue n'est pas donné.

15. Si le joueur dérange plusieurs billes , avant d'être ajusté , il perd autant de points qu'il a dérangé de billes , et elles sont remises à leurs places : il joue ensuite son coup.

16. Le joueur qui souffle sur une bille , ou qui remue le billard de manière à déranger l'effet du coup, perd trois points ; sa bille est relevée et en main : les autres billes restent où elles se trouvent.

17. Si la bille d'un joueur est touchée par un étranger, avant qu'elle n'ait touché une autre bille , le coup sera recommencé ; et si la bille touchée a eu contact avec une autre bille , elle sera placée à l'endroit où les joueurs et les personnes présentes jugeraient qu'elle se serait arrêtée. En pareil cas , tout

doit se décider de bonne foi ; car, si la galerie jugeait que la bille dérangée se serait perdue, qu'elle aurait été faite, ou qu'il y aurait eu carambolage, la perte ou le gain serait compté à qui de droit.

18. Lorsqu'un joueur *queute* [1], c'est-à-dire lorsque la bille sur laquelle il joue est assez près de la sienne pour recevoir l'impulsion de son coup de queue, et est suivie par sa bille, la bille du joueur est relevée, et le coup est nul pour la perte comme pour le gain. Si, après le coup, les deux billes se touchent, on doit les relever et les mettre en main, attendu l'impossibilité de jouer sans *queuter*. Quand la rouge est relevée, on la place sur la mouche.

19. Lorsqu'un joueur ne joue plus que pour un point, et que son adversaire, ne se le rappelant pas, lui donne ce point par un manque de touche volontaire, la partie est remise en un point de plus, ou le coup est recommencé ; le joueur qui gagne le point en décide.

20. Si la mouche du haut était occupée par une bille blanche, quand on y doit placer la rouge, celle-ci serait posée sur la mouche du milieu, ou mise à la pénitence si la mouche du milieu était également occupée ; mais, après le coup consommé, si elle n'a pas été touchée, on doit la remettre à sa place devenue vacante.

21. Une bille, arrêtée très-près d'une blouse,

(1) Ici le mot *queuter* a la troisième acception qui lui est donnée au vocabulaire placé à la fin de ce manuel.

3

et qui y tombe, avant d'avoir été touchée par celle du joueur ou par la rouge, est remise à la même place, et le joueur recommence son coup. Deux billes qui se trouvent au-dessus d'une blouse sans y entrer, sont réputées dedans, et le coup est bon pour la perte comme pour le gain.

22. Lorsque, sur un billard public, deux joueurs jouent de l'argent ou parient entre eux, le gagnant doit payer les frais ; mais, si le gain était insuffisant, les joueurs paieraient le surplus par moitié.

23. Le joueur ne doit , sous aucun prétexte, toucher à sa bille, tant qu'elle est sur le tapis ; s'il la touche, il perd un point , et , si elle a été dérangée , elle est remise à sa place.

24. La galerie juge tous les coups imprévus, et , à son défaut, le maître du billard. Aucune surprise n'étant admise, la galerie, lorsqu'il y a erreur de points, en avertit les joueurs sans être consultée. Les paris sont nuls de droit quand les joueurs qui parient avec la galerie, font entre eux des arrangemens préjudiciables aux parieurs.

25. La partie française se joue aussi à quatre ; alors deux joueurs jouent de moitié contre les deux autres et alternativement chacun son coup.

26. A trois, si un des joueurs fait la chouette, il joue deux fois contre une fois des deux autres, et toujours avec sa bille. Les deux joueurs jouent alternativement et tous deux avec la même bille.

27. A trois, chacun pour soi, on joue alterna-

tivement : le premier sort en seize points ; les deux autres continuent jusqu'à vingt points , et peuvent remettre la partie en vingt-quatre.

28. Dans la partie à trois, chacun pour son compte, il n'y a point de coups de bas ; la bille rouge rentrée au quartier se replace sur la mouche du haut.

Partie française la Carambole
A SUIVRE.

Art. 1.er La partie à suivre se joue en vingt-quatre points , avec trois billes , la rouge et les deux blanches, qui ont la même valeur qu'à la partie française ordinaire , page 13.

2. Le joueur qui fait des points continue à jouer jusqu'à ce qu'il n'en fasse plus , son adversaire joue alors et continue de même tant qu'il fait des points.

3. Pour tous les autres coups , consultez les régles de la partie ordinaire , si ce n'est cependant que le joueur qui a sa bille en main , et qui joue une bille au milieu , n'est pas obligé de placer sa bille sur la mouche , ni même dans les six pouces.

4. Elle se joue aussi à quatre , en vingt points.

Alors chacun des joueurs en second ne remplace son *partner* qu'après que celui-ci a perdu deux points , par sa propre perte , deux manques de touche , ou un carambolage ou une bille faite par l'adversaire (1).

_____

(1) Dans beaucoup de villes , notamment à Lille , un joueur remplace son *partner* , après un seul manque de touche de sa part.

5. A trois , elle se joue comme la partie française ordinaire, avec cette différence toujours, que l'on ne discontinue pas de jouer tant que l'on fait des points.

Partie de bricole.

Art. 1.er Toutes les règles de la partie précédente sont applicables à celle-ci , sauf les exceptions suivantes : .

2. Elle se joue en seize points à deux joueurs , en douze à quatre ou à trois joueurs dont l'un fait la chouette.

3. Le joueur est obligé de toucher une des bandes, avant de frapper la bille sur laquelle il joue, soit pour la faire , soit pour aller caramboler.

4. Le joueur qui touche une bille avant d'avoir touché la bande perd un point ; s'il se perd ensuite sur la blanche , deux points de plus ; et sur la rouge trois points de plus.

5. Si le joueur fait des points en frappant une bille sans avoir touché la bande préalablement , ces points comptent pour l'adversaire.

Partie de doublet.

(Voyez la partie blanche au doublet , page 4i).

Art. 1.er Les règles de la partie française à suivre sont applicables à celle-ci , sauf les exceptions suivantes.

2. Elle se joue en 16 points.

3. Aucune bille ne peut être faite qu'en la doublant ; les coups de bricole et de talon sont interdits ; les coups durs et les contre sont bons.

4. Toute bille faite au même, compte pour l'adversaire, à moins de convention contraire.

5. Tous les carambolages sont bons.

Partie des 5 blouses sauvées.

Art. 1er . Cette partie se joue en quinze points, avec les trois billes de la partie ordinaire, qui ont la même valeur.

2. Le joueur qui, sans autre convention, sauve cinq blouses, compte les billes qu'il fait dans sa blouse seulement, ses carambolages et les fautes de son adversaire, comme à la partie ordinaire.

3. Le joueur qui sauve cinq blouses ne perdra qu'un point s'il se perd dans sa blouse sans avoir touché ; s'il s'y perd, ayant fait des points, il comptera tous les points faits sur le coup et ne perdra rien ; mais s'il se perd dans l'une des cinq blouses sauvées, il perdra deux points s'il a touché la blanche, et trois points s'il a touché la rouge ; s'il a carambolé ou fait bille dans sa blouse, il perdra les points qu'il aurait gagnés.

4. Le joueur à qui l'on sauve cinq blouses ne compte pas les billes faites dans la blouse de

son adversaire ; mais s'il s'y perd, l'adversaire comptera tous les points que le joueur aurait gagnés, comme à l'art. 3.

5. Le joueur qui sauve cinq blouses *à perte et à gain* compte toutes les billes faites dans sa blouse par lui ou par son adversaire.

6. La partie se joue en vingt points quand un joueur sauve cinq blouses *à perte et à gain réciproquement.*

7. Si le joueur, qui fait bille dans sa blouse, se perd dans celle de son adversaire, ce dernier compte le gain ; comme, si le joueur fait bille dans la blouse de son adversaire et se perd dans la sienne, c'est encore l'adversaire qui comptera le gain ; quand le joueur fait des points et se perd dans sa blouse, il compte les points faits, plus deux points, ainsi, s'il se perd après avoir fait la blanche et le carambolage, il comptera quatre points ; après le coup de quatre, six points ; après le coup de cinq, sept points ; après le coup de sept, neuf points ; mais après avoir fait la rouge seule, la perte comptera trois points et il en marquera six. Il faut, dans tous les cas, que les billes et la perte se fassent dans la blouse du joueur.

8. La partie se joue en douze points lorsque les joueurs se sauvent réciproquement cinq blouses.

9. Pour tous les autres coups, il faut avoir recours aux règles de la partie ordinaire.

Partie de commande.

Art. 1.er Cette partie se joue comme la partie française à suivre à deux, mais en vingt points.

2. Le joueur commandé doit jouer sur la bille qui lui est désignée par son adversaire ; il a le choix de jouer sur celle qui lui conviendra si l'adversaire lui en désigne deux.

3. Le joueur commandé ne touchant pas la bille désignée, perd un point et l'avantage du coup, et la bille touchée est remise à sa place, les autres billes restent où elles se trouvent.

4. Le joueur qui se perd sans toucher la bille commandée perd trois points.

5. L'adversaire peut faire recommencer le coup, si la bille du joueur qui n'a pas touché la bille désignée, ne dépasse pas cette bille ou ne touche pas la bande la plus voisine.

6. On consultera, pour tous les autres coups, les régles de la partie française à suivre, page 19.

Partie à billes nommées.

Art. 1.er Dans cette partie, chaque joueur est obligé, avant de jouer, d'indiquer les coups qu'il veut faire, en désignant les billes et les blouses.

2. Toute bille ou tout carambolage fait sans avoir été annoncé d'avance est nul, et le jeu continue.

On observe du reste toutes les règles de la partie française à suivre, mais on finit en vingt points.

Partie de la perte.

Art. 1er. Les billes de la partie ordinaire, qui conservent la même valeur, servent à la partie de la perte. La rouge se place comme à la partie anglaise, à huit pouces de la bande du haut.

Les joueurs avant de commencer, doivent décider s'ils jouent la perte seulement, la perte et le gain simples, la perte et le gain doubles, ou la perte sans gain.

2. *A la perte seule.* Le joueur qui fait des points, sans se perdre, annulle son propre coup qui ne compte pour personne; mais s'il se perd en faisant des points, sa perte lui vaut tous les points qu'il a faits. Cette partie se joue en seize points.

3. *A perte et gain simples.* Les points faits comptent au joueur qui, s'il se perd, compte également sa perte : il comptera donc six points s'il fait la rouge en se perdant; la perte sur le carambolage ne compte que deux points. Elle se joue en 20 points.

4. *A perte et gain doubles.* Le joueur qui fait les points les compte; et s'il se perd sur le coup, il doublera ses points; celui qui aura fait un coup de cinq et se perdra, gagnera dix points, etc. Elle se joue en vingt-quatre points.

5. *A perte sans gain.* Celui qui fait des points sans se perdre , perd autant de points qu'il en aurait gagné en se perdant. Elle se joue en vingt points.

6. Il faut , pour tous les autres coups , s'en rapporter aux règles de la partie ordinaire , ou à celles de la partie française à suivre. (*Voyez la partie anglaise* , page 55).

Partie à décompter.

ART. 1.er Cette partie se joue en vingt-quatre points , avec les billes de la partie ordinaire , qui ont la même valeur.

2. Le premier qui fait des points les compte et continue comme dans la partie à suivre ; quand ensuite son adversaire en fait , ce dernier les compte à son tour , et le premier diminue le nombre de points qui viennent d'être faits sur ceux qu'il avait déjà. La partie se continue ainsi , de façon que , quand un joueur fait des points , ils lui sont comptés en plus à lui-même et en moins à son adversaire.

3. Les joueurs conviennent quelquefois de jouer cette partie en rabattant tous les points. Dans ce cas, quand un joueur fait des points , il les compte , et son adversaire en eût-il vingt-trois , les perd tous. Si ensuite ce dernier en fait à son tour , le premier revient à zéro. De telle manière que pour gagner , il faut faire les vingt-quatre points de suite , ou du moins sans que l'adversaire en prenne.   4

4. Dans ce dernier cas cependant, il n'y a lieu à décompter pour le manque de touche, qu'autant que le joueur en ait fait deux de suite. Souvent même, les joueurs conviennent de ne pas décompter après les manque de touche, ni après les pertes.

5. Pour les autres coups, il faut consulter les règles de la partie à suivre et de la partie ordinaire.

Partie Russe.

Art. 1.er La partie russe se joue en trente-six ou quarante points et à suivre, avec cinq billes : une rouge, une jaune, une bleue et deux blanches.

2. On place la rouge sur la mouche du haut, la jaune sur la mouche du milieu, et la bleue sur la mouche du bas. Lorsqu'on est en main, on ne peut jouer sur cette dernière, sinon de bricole et après avoir touché la petite bande d'en haut.

3. Le premier joueur donne l'acquit ; s'il touche une des billes, il perd un point ; deux points, s'il touche deux billes, et trois points s'il les touche toutes les trois. On remettra les billes touchées à leur place et l'acquit sera recommencé.

4. Celui qui joue le second ne peut tirer que sur l'acquit, c'est-à-dire sur la bille blanche ; s'il en touchait d'autres avant d'avoir touché la blanche il perdrait autant de points qu'il aurait dérangé de billes ; s'il faisait bille ou s'il carambolait, il perdrait autant de points qu'il en aurait compté, en admet-

tant que le coup fût bon ; s'il se perdait, en ne touchant qu'une des billes , sa perte serait comptée selon la valeur de la bille touchée.

5. Si la bille du joueur se trouve occuper la mouche d'une des trois billes qu'il vient de faire, cette bille est relevée, la bille faite remise à sa place , et celle du joueur est placée à six pouces de distance et au milieu de la petite bande qui est la plus éloignée de la bille de l'adversaire ; elle serait placée à la pénitence si l'autre bille se trouvait à la hauteur des blouses du milieu.

6. La rouge et la bleue comptent pour quatre points et ne peuvent se faire qu'aux blouses des quatre coins; la jaune compte pour six points et ne peut se faire qu'aux blouses du milieu ; les blanches se font partout : elles comptent chacune pour deux points. Si les billes rouge , bleue et jaune sont faites ailleurs que dans leurs blouses , elles comptent pour l'adversaire.

7. Le carambolage se fait sur toutes les billes , il compte pour deux points.

8. Si la mouche, sur laquelle doit être placée une bille , se trouve occupée tandis que les deux autres sont libres, la bille faite, si c'est la rouge, sera placée sur la mouche du bas ; si c'est la bleue, sur la mouche du haut ; on ne pourra les mettre à la place de la jaune qu'autant que leurs places respectives se trouveront prises, et que celle-là seule, sera vacante. Les trois mouches étant occupées, la bille

faite sera mise à la pénitence ; la mouche du milieu étant occupée, la jaune sera placée sur celle des deux autres qui se trouvera être la plus éloignée de la bille du joueur ; et si une bille était à égale distance des mouches disponibles, ou si ces mouches étaient toutes deux occupées, la jaune serait mise à la pénitence. Si la jaune, placée à la pénitence, n'a pas été touchée par l'effet du coup, elle sera remise sur la première place vacante, et, de préférence, sur celle du milieu, ce qui aura lieu, ensuite, si le premier coup joué n'en a pas fourni l'occasion.

9. Les règles de la partie ordinaire serviront pour tous les autres coups.

Partie Caroline,

IMPORTÉE D'ITALIE.

Cette partie a beaucoup de ressemblance avec la partie Russe ; elle se joue avec les mêmes billes qui trouvent leur place aux mêmes lieux ; mais elle en diffère

1.º En ce que lorsqu'on donne l'acquit, on peut se placer dans tout le quartier, sans être obligé de se renfermer dans le cercle dit *des six pouces* ;

2.º Que celui qui pose l'acquit, le place où il lui convient, sans être forcé d'aller toucher la bande, ou de passer les blouses du milieu (il suffit qu'il pousse sa bille en dehors du quartier) ;

3.º Que le second joueur a le droit d'attaquer toutes les billes indifféremment ;

4.º Qu'on ne continue pas après un carambolage.

5.º Et enfin , en ce qu'on ne peut pas completer par un carambolage, le nombre des 3o points qui terminent cette partie. Par exemple , le joueur qui aurait 28 ou 29 points , devrait nécessairement faire une bille pour gagner , si son adversaire , en se perdant ou en manquant de touche , ne lui donnait pas le point ou les points qui lui manqueraient.

Les autres articles des règles de la partie russe qui ne sont pas en opposition avec ce qui vient d'être dit , sont tous applicables à la partie Caroline.

Partie des trois blouses.

ART. 1.er Cette partie se nomme ainsi parce que les joueurs se partagent le billard en longueur, et que chacun en prend un côté. On tire le billard : le gagnant choisit et prend ordinairement , s'il est droitié , le côté gauche, qui présente le plus d'avantage , en raison des facilités qu'il offre pour jouer certains coups qui seraient plus difficiles de l'autre côté ; aussi doit-il laisser à son adversaire le choix de jouer avant ou après lui.

2. La partie se joue en vingt-quatre points avec les trois billes de la partie ordinaire, qui conservent la même valeur : les joueurs se placent dans le demi-cercle de douze pouces de diamètre.

3. La perte et le gain se comptent, et l'adversaire ne gagne qu'un point si le joueur se perd sans avoir touché.

4. Chaque joueur compte les billes qu'il fait dans ses blouses et celles qu'y fait son adversaire.

5. Le joueur qui se perd dans ses blouses, après avoir touché la blanche, compte deux points, et trois points s'il a touché la rouge; il comptera quatre points s'il se perd et fait la blanche, ou s'il se perd sur un carambolage, et six points s'il se perd et fait la rouge, toujours dans ses blouses.

6. Si le joueur se perd sur le coup de quatre, il comptera six points; sur le coup de cinq, sept points, et sur le coup de sept, neuf points. Il faut, dans tous les cas, que les points et les pertes se fassent dans les blouses du joueur qui les compte.

7. Le joueur qui, ayant fait des points dans ses blouses, se perdra dans celles de son adversaire, ou qui, ayant fait des points dans les blouses de son adversaire, se perdra dans les siennes, laissera compter à son adversaire tous les points qu'il aurait comptés lui-même s'il les eût faits dans ses blouses : il en sera de même si, après avoir carambolé, il se perd dans les blouses de son adversaire.

8. Les joueurs auront recours, pour tous les autres coups, aux règles de la partie ordinaire.

Partie à six billes,

DEUX BLANCHES, DEUX JAUNES ET DEUX ROUGES (1).

ART. 1.er Les deux billes blanches sont celles des joueurs. Les rouges se placent en face des blouses d'en haut à dix-huit pouces des blouses et des bandes. Les jaunes se posent à l'alignement des rouges en face des blouses du milieu.

2. Quand les joueurs commencent ou sont *en main*, ils se placent dans tout le quartier indifféremment, et sans être obligés de se mettre *dans le billard*.

3. La partie est à suivre et se compte en soixante points (1).

4. Les billes rouges ne se font qu'aux blouses de coin, et comptent quatre points ; les jaunes ne se font qu'au milieu, et comptent cinq points ; les blanches se font partout, et comptent trois points.

5. Les carambolages à deux billes comptent un point, et les autres en comptent deux.

6. Les autres règles de la partie française ordinaire et de celle à suivre sont applicables à celle-ci.

---

(1) Cette partie ne se joue ordinairement qu'en famille ou entre amis, sur des billards qui ne sont pas publics. Sur un billard public, la partie se termine en quarante points.

Partie de la poule.

DISPOSITIONS PRÉLIMINAIRES.

Art. 1.ᵉ Après avoir déposé leurs mises , les joueurs se rangeront autour du billard, le marqueur prendra autant de billes qu'il y a de joueurs , et les mettra dans un panier disposé à cet effet ; après les avoir suffisamment remuées , il les distribuera , une à une et sans passer de tour , à chaque joueur en commençant par sa droite et en nommant distinctement le numéro de chaque bille , qui déterminera le tour de chacun. Les joueurs seront marqués sur l'ardoise au numéro des billes qu'ils auront reçues.

2. Si , pendant le premier tour , plusieurs personnes se présentent pour entrer à la poule , il sera fait , pour elles seules , une nouvelle distribution de billes pour déterminer leurs tours , et elles entreront sans prendre de marque , quand bien même d'autres joueurs seraient déjà marqués ; si le premier tour est terminé ou après plusieurs tours , on ne pourra entrer que du consentement de tous les joueurs et en prenant marque égale à celle du joueur qui en a le plus.

3. Si chaque joueur a reçu sa bille à son tour , les paris sont bons quoiqu'il y ait eu erreur dans la distribution des billes ; par exemple , si le marqueur

ayant douze billes à distribuer , a mis dans le panier le n.º 21 pour le n.º 1 ou le n.º 2 , le joueur
qui recevrait la bille n.º 21 , sera bien inscrit et marqué sur l'ardoise sous le n° 1 ou 2 , mais il n'en gagnera pas moins tous les paris , attendu que le gain
du pari est toujours au plus fort numéro. (*Voyez*
art. 40 , page 39).

4. La personne qui , présente à la distribution des
billes , ou arrivant après , laisserait recommencer
un tour sans demander à entrer à la poule , ne pourra
y être admise.

5. Les joueurs ne peuvent changer de numéro ,
et nul ne peut jouer pour un autre , excepté le cas
de prise à faire. (*Voyez* art. 12 ci-après).

6. Le joueur qui meurt le premier , peut , si la
poule est composée d'au moins cinq joueurs , y rentrer sous le même numéro , en mettant une nouvelle
mise et en prenant autant de marques que le joueur
qui en a le plus.

DE L'ACQUIT.

7. Le joueur qui a le n° 1 , donnera son acquit
qui doit , d'un seul coup de queue , dépasser les
blouses du milieu ; s'il juge sa bille mal placée , il
peut la faire mettre à la pénitence , ce qu'on ne peut
lui refuser ; mais , lorsque l'acquit n'a pas dépassé
les blouses du milieu ou que le joueur s'est perdu ,
sa bille est , de droit , placée à la pénitence. Pour
jouer en main , et par conséquent donner l'acquit ,
le joueur doit avoir les deux pieds dans le billard.
(*Voyez* art. 2 , page 9).   5

8. Le n° 2 jouera avec l'autre bille , sur le n° 1 qui a donné l'acquit, et le n° 3 jouera avec la bille du n° 1 sur le n° 2 , et ainsi de suite.

9. L'acquit étant donné , si le joueur qui doit jouer dessus vend sa bille , celui qui a donné l'acquit a le droit de le recommencer , même dans le cas où il aurait mis sa bille à la pénitence ; mais si elle y a été mise pour n'avoir pas dépassé les blouses du milieu , elle y sera maintenue.

10. Après bille faite , perte , saut ou manque de touche , les deux billes sont relevées , et le numéro suivant donne l'acquit.

CAS OU FAUTES QUI FONT PRENDRE UNE MARQUE.

11. Le joueur prendra une marque :
1.° S'il a manqué de touche ;
2.° S'il s'est perdu , ne donnant pas l'acquit ;
3.° S'il a fait sauter sa bille (*Voyez* art. 26);
4.° S'il a queuté [1] ;
5.° S'il a touché ou dérangé sa bille mal à propos ;
6.° S'il a dérangé une bille roulante ou arrêtée , à moins que le coup joué ne fût mauvais ;
7.° Si après avoir été appelé trois fois il n'a pas répondu ;

----

(1) Le mot *queuter* a ici la deuxième acception qui lui est donnée au vocabulaire placé à la fin de ce manuel.

8.º Si , après avoir pris à faire , il n'a pas fait la bille (article 12) ;

9.º Si sa bille a été faite par celui jouant sur lui , sans qu'il y ait eu faute (Art. 15) ;

10.º Si , ayant conseillé de prendre à faire , la bille a été faite par celui qu'il a conseillé (Art. 16) ;

11.º Si , par suite de ses conseils , une bille a été faite par le joueur conseillé (Art. 17).

12. Chacun des joueurs est libre de prendre à faire (*Voyez* article 18) , mais s'il ne fait pas la bille il prend une marque. Le joueur ne peut pas empêcher un autre joueur de prendre à faire , mais il peut garder pour lui la prise à faire et jouer le coup , et il est également marqué s'il ne fait pas bille.

13. Si plusieurs joueurs veulent prendre à faire , celui qui aura parlé le premier aura la préférence , à moins que celui que son numéro appelle à jouer la réclame.

14. Quand on a pris à faire , que la bille soit faite ou non , le joueur suivant donne l'acquit.

15. La bille faite , sans qu'il y ait eu faute , est marquée.

16. Le joueur qui conseillera de prendre à faire , sera , si la bille est faite par suite de son conseil , marqué lui-même , ainsi que le possesseur de la bille faite [1].

____

(1) Dans quelques lieux , et dans ce cas , le possesseur de la bille faite n'est pas marqué ; mais c'est à tort.

17. Les conseils sont interdits. S'il arrive donc que, par suite des conseils de l'un des joueurs, une bille soit faite, le possesseur de cette bille peut exiger que le joueur prenne également une marque.

18. Le possesseur d'une bille qui n'est marquée qu'une fois peut s'opposer à la prise à faire par un joueur qui n'a plus qu'une marque à prendre ; mais le coup sera bon et la prise à faire aura son effet, s'il n'y a pas eu d'opposition.

DE L'ACHAT ET DE LA VENTE DES BILLES.

19. Un joueur peut vendre sa bille à un autre, pourvu que celui qui achète ait fait partie de la poule et que sa bille soit morte ; mais le vendeur ne peut plus reprendre sa bille ; il ne peut non plus en racheter une autre qu'autant que le numéro de la sienne aura été rayé du tableau.

20. Le joueur qui achète une bille, la prend telle qu'elle est à l'instant de l'achat, et ne peut y toucher sous aucun prétexte (*Voyez* art. 9).

21. La bille vendue *mise ou*, c'est-à-dire *mise ou partage*, se paie, en cas de gain, moitié de la poule ; et, en cas de perte, seulement la mise.

22. La bille vendue *mise et*, c'est-à-dire *mise et partage*, se paie, en cas de gain, la mise prélevée sur la totalité de la poule, plus la moitié de ce qui reste ; et, en cas de perte, seulement la mise.

23. La bille vendue *moitié partout* se paie, en cas de gain, la moitié de la poule ; et, en cas de perte, la moitié de la mise.

24. La bille vendue *mise en poche et*, c'est-à-dire *mise en poche et partage*, se paie, en cas de gain, la moitié de la poule, plus une mise ; et, en cas de perte, seulement la mise.

DISPOSITIONS GÉNÉRALES.

25. Si les deux billes se touchent sur le tapis, elles seront relevées, et le joueur dont c'est le tour donne son acquit.

26. Si le joueur fait sauter la bille sur laquelle il joue, les billes sont relevées, et le joueur suivant donne son acquit. Dans quelques villes, dans ce cas, on marque celui des joueurs dont la bille n'est pas restée sur le tapis.

27. Lorsqu'une bille, ou toutes deux, roulant, sont dérangées par une personne étrangère, elles sont relevées, et l'acquit est donné par le joueur qui vient de jouer, si la bille qui a été dérangée est la sienne ; mais si c'est l'autre bille, l'acquit est donné par le joueur suivant [1].

28. Si les billes étaient arrêtées, quand elles ont été dérangées, soit par un étranger, soit par un

---

[1] Beaucoup de personnes sont d'avis qu'il est injuste de faire donner l'acquit par celui qui vient de jouer et dont la bille a été dérangée pendant qu'elle roulait, puisque c'est lui faire courir la chance, souvent probable, d'être fait, tandis qu'il aurait pu lui-même faire la bille sur laquelle il jouait, si on n'avait pas arrêté ou dérangé la sienne.

Ces personnes pensent que, dans ce cas, la position de ce joueur doit être la même que celle de celui sur qui il jouait, et que l'acquit doit être donné par le joueur suivant : c'est un objet à convenir.

joueur , elles sont remises à leurs places par le marqueur et d'après l'avis de la galerie.

29. Le joueur qui , n'ayant plus qu'une marque à prendre , fera exprès de déranger les billes , ne pourra plus rentrer à la même poule , et les billes seront remises en place.

3o. On ne peut revenir sur un coup , quand, sans réclamation , un autre coup a été consommé depuis.

31. Le coup joué par un joueur dont ce n'était pas le tour , n'en est pas moins bon , pour la perte comme pour le gain ; c'est au joueur , sur lequel on joue , à s'assurer du numéro de la bille de son joueur et à veiller à la sûreté de la sienne. Le joueur qui a le numéro après celui du joueur qui s'est trompé , joue son coup , et ainsi de suite. Cependant , si cet incident avait lieu avant la fin du premier tour de poule , les joueurs reprendraient chacun leur numéro : par exemple , si le nº 5 avait joué sur le nº 3 , ce serait au nº 4 et non au nº 6 à jouer après , et ainsi de suite.

32. Si trois joueurs défendent une poule , elle peut être remise deux fois ; s'il ne reste que deux joueurs , elle peut l'être trois fois.

33. Le joueur qui défend la poule , ne peut pas sauver plus de moitié de sa valeur , car il y aurait , pour lors , bénéfice dans la perte ; s'il en sauve la moitié ou s'il vend sa bille pour ce prix , son adversaire a le droit de partager la poule avec lui.

34. Le montant des frais et le prix de la mise sont

fixés par le maître du billard ou celui qui le représente.

35. Chacun devant être seul contre tous, toute association illicite, tout arrangement de faire gagner ou perdre tel ou tel joueur, sont sévèrement defendus, la bonne foi et la loyauté étant de règle au jeu de billard. Si un joueur sauve quelque chose sur une bille, il ne peut rentrer à la poule qu'autant que le numéro de cette bille serait rayé du tableau.

36. Le montant de la poule, frais prélevés, appartient au dernier restant des joueurs.

37. L'on meurt, à moins de convention contraire, jusqu'à six joueurs, en quatre marques.

De sept à douze inclus, en trois marques.

De douze à vingt, en deux.

De vingt et au-dessus, en une.

DES PARIS.

38. Les paris sont admis à la poule.

Ils peuvent être faits par les joueurs, comme par les personnes de la galerie.

39. Dans un billard public le maître a le droit d'en fixer le maximum ; il peut même les interdire.

40. Q:and les paris ont pour base le plus haut numéro sortant du panier, de quelque manière que ces numéros aient été donnés par le garçon de billard, ils sont bons pour les parieurs.(*Voyez* art. 3).

41. Les *paris* établis sur une bille sont bons, et ne sauraient être subordonnés aux changemens des joueurs qui vendent ou achètent ladite bille.

Partie blanche ordinaire.

Art. 1.ᵉʳ La partie blanche se joue en douze points avec les deux billes blanches qui valent deux points.

2. On tire comme à la poule à qui donnera l'acquit ; les joueurs sont tenus de placer leur bille dans le demi cercle de douze pouces de diamètre.

3. L'acquit se donne d'un seul coup de queue, et au-dessus des blouses du milieu : celui qui doit tirer dessus a le choix de le faire redonner, s'il n'est pas d'un seul coup, ou de le trouver bon.

4. L'acquit donné au-dessous des blouses du milieu est bon si la bille a touché la bande d'en haut ; mais si la bille rentre dans le quartier, elle sera relevée et mise à la pénitence. Il n'y a pas de perte en donnant l'acquit ; le joueur recommence.

5. Le joueur qui manque de touche perd un point, et lorsqu'il se perd, même sans toucher, il perd deux points.

6. Lorsque, sans autre convention, les joueurs relèvent leurs billes, c'est à celui qui a fait la proposition à donner son acquit.

7. Quand l'avantage d'un point a été fait, c'est à celui qui l'a reçu à donner son acquit.

8. Les règles de la partie française ordinaire et de la poule sont applicables à tous les autres coups.

Partie blanche au doublet.

(Voyez la partie de Doublet , page 20).

ART. 1.er La partie blanche au doublet se joue en huit points.

2. Les règles de la carambole , du doublet et de la poule s'appliquent à tous les coups de cette partie.

Partie à quatre billes.

ART. 1.er Cette partie se joue à quatre billes ; deux blanches , une rouge et une bleue. La bille rouge se place comme à la partie de la carambole. La bleue se place sur la mouche du bas.

2. Le premier à jouer donne son acquit. Le second joue sur la rouge ou sur l'acquit , et continue de jouer tant qu'il fait bille ou carambolage.

3. En main , on ne peut pas tirer sur la bleue , à moins que ce ne soit de bricole.

4. Les billes sont bonnes partout. Les blanches comptent deux points. La rouge et la bleue comptent quatre.

5. Le carambolage de la blanche à la rouge ou à la bleue compte deux points. Le carambolage d'une des billes de couleur à la blanche compte trois points.

6

Le carambolage de la rouge à la bleue ou de la bleue
à la rouge , compte quatre points.

6. Lorsqu'un joueur se perd en faisant la bille
blanche , et que les deux billes de couleur se trouvent sur les mouches , le joueur qui aura gagné des
points donne son acquit comme au commencement
de la partie.

7. Cette partie se joue en trente points.

Partie de la blouse défendue.

Art. 1.er Cette partie va en huit points. Le premier qui joue donne son acquit, puis indique une
blouse où l'adversaire ne peut faire la bille sans perdre deux points; ainsi de suite, sur chaque coup à
jouer.

2. L'acquit ne se donne qu'autant qu'il y ait une
bille hors du jeu. Le joueur perdant a le droit de
donner l'acquit.

3. Qui joue avant qu'on lui ait désigné une blouse , perd ce qu'il a fait.

4. Le saut droit est bon et peut s'indiquer comme
une blouse.

5. Les règles de la partie blanche ordinaire sont
applicables à tous les autres coups.

Partie française à écrire.

Art. 1.er Les règles de la partie à suivre s'appliquent à celle-ci, qui se joue en huit marqués avec les mêmes billes.

2. Chaque marqué est de douze points , plus deux de consolation.

3. **La petite bredouille** double le marqué et les points de consolation ; elle appartient au joueur qui, le premier compte trois points ; celui-ci la perd et ne peut plus la reprendre, quand son adversaire a pris trois points qui la lui donnent à son tour ; il peut cependant l'annuler, en comptant trois autres points. Pour conserver la bredouille, le joueur doit donc prendre le marqué sans que l'adversaire ait pu compter trois points depuis qu'il l'a prise ; ces trois points doivent être pris ou reçus , sans que l'adversaire en fasse , autrement la bredouille ne serait point annulée. Si le joueur manque de touche , n'ayant encore fait qu'un ou deux points pour prendre ou annuler la bredouille , ce qu'il avait de points ne pourra plus lui compter pour prendre ou annuler la bredouille. Le marqué ne peut être complété par une perte ou des points donnés , le joueur devra faire les points qui le terminent ; en supposant , par exemple , que le joueur ait neuf points et que son adversaire se perde de trois, il compterait bien douze points , mais il faut , pour

sortir, qu'il en fasse encore deux ou trois, c'est-à-dire qu'il en ait quatorze ou quinze. Si, avec ces quatorze ou quinze points, le joueur ne se retirait pas pour prendre un second marqué, ce qui lui donnerait la grande bredouille, et que son adversaire vînt à faire trois points, il perdrait alors la petite bredouille.

4. Si la bredouille n'est prise par aucun des joueurs, la partie se joue comme la partie ordinaire, avec cette différence, cependant, qu'on ajoutera deux points de consolation à chaque marqué.

5. La grande bredouille quadruple le marqué et les points de consolation; elle se perd et s'annulle, ainsi qu'on l'a dit pour la petite bredouille.

6. Le premier postillon que l'on prend, lorsque l'adversaire a été marqué cinq fois, vaut vingt-huit points, les trois autres ne valent chacun que huit points.

7. La queue vaut vingt points; elle est gagnée par le joueur qui a pris le plus de points; un point de plus suffit seul pour la faire gagner.

8. Le gagnant compte, à chaque partie, combien il a de fiches de bénéfice (la fiche vaut dix points). On établira ainsi ce compte : en supposant que le gagnant ait fait cent cinquante-cinq points et que son adversaire en ait seulement fait cinquante, ce dernier ne comptera rien pour lui, mais ses points en effaceront un nombre égal au gagnant qui ne comptera plus que cent cinq points, qui font onze fiches

au lieu de dix et demie ; parce que , lorsqu'on a at_
teint cinq points , ces cinq points valent une fiche ;
de même que , lorsqu'on n'a pas atteint ce nombre ,
les points faits sont perdus : quinze points font donc
deux fiches , et quatorze points n'en font qu'une.

Partie Russe à écrire.

Art. 1.er Cette partie , comme la partie française
à écrire , se joue en huit marqués.

2. Le marqué est de vingt points , auxquels on en
ajoute quatre de consolation.

3. On prend , on perd ou on annulle la petite bredouille par quatre points.

4. Les règles de la partie française à écrire et à suivre sont observées ; tout ce qui a été dit dans cette partie relativement à la grande et à la petite bredouille ,
aux postillons , à la queue et à la manière de compter
les jeux , étant commun à la partie russe à écrire.

5. Le premier postillon vaut trente-six points , et les
autres chacun douze ; la queue compte trente points.

Partie du toucher , dit TOCCO.

1. On joue cette partie avec trois billes dont une
petite qu'on nomme *casin.*

2. Le jeu se compte par *touchers* valant chacun seize points.

3. La partie se compose d'autant de *touchers* qu'il convient aux joueurs de fixer (trois ou cinq pour former une espèce de partie liée) ; mais chaque toucher compte pour une partie de frais.

4. Le premier qui doit jouer donne l'acquit , en envoyant avec la queue , où bon lui semble sur le tapis , d'abord sa bille et ensuite le casin.

5. L'on ne peut jamais toucher le casin qu'avec la bille de l'adversaire , alors on compte quatre points ; mais si on le touche avec sa propre bille , on en perd autant , pourvu toutefois qu'on l'ait touché d'abord avec l'autre.

6. Celui qui sans toucher la bille de l'adversaire , va toucher le casin , perd cinq points ; il perd deux touchers , plus deux points , si de ce même coup , il envoie le casin dans une blouse.

7. Lorsqu'on blouse ou que l'on fait sauter la bille de son adversaire , ou le casin par elle , on compte deux points pour chacune de ces deux billes faites , ou mises hors du tapis.

8. Lorsque le joueur s'est perdu sans toucher, ou que sa bille a sauté hors du billard , lorsque les deux billes ont été blousées , enfin lorsque le casin a été fait ou a sauté , le joueur qui a gagné les points donne l'acquit , comme il est dit à l'article 4.

9. Quand le casin a été touché par l'une des deux autres billes , on le laisse où il se trouve.

10. Le joueur qui se blouse après avoir touché la bille de son adversaire perd deux points ; mais il continue jouant la bille en main.

11. Les points faits au-dessus de seize pour chaque toucher , ne comptent pas pour le toucher suivant ; le jeu continue cependant sans qu'il y ait lieu à déranger les billes.

12. Après chaque partie , c'est le gagnant qui replace les acquit.

Partie avec des quilles et le cusin ,

DITE PARTIE ESPAGNOLE.

Cette partie , qui se joue en vingt-quatre points , est une véritable partie d'étude ; car il est impossible de la bien jouer, sans faire usage de toutes les ressources qu'offre l'emploi de la bricole, et sans calculer d'avance à chaque coup , le chemin que la bille doit probablement parcourir , selon la manière de l'attaquer et la force du coup.

1. Les quilles dont on se sert sont au nombre de cinq : Quatre de deux pouces de hauteur , et la cinquième de deux pouces et demi. Le diamètre du pied de ces quilles doit être d'environ le tiers de leur hauteur ; la marque de leur place sur le billard doit être de la grandeur exacte de leur pied.

2. On place la plus haute sur la mouche du milieu , les quatre autres forment un carré dont elle

est le centre , et sont espacées entre elles , d'une longueur égale à leur hauteur ; mais dans tous les cas , elles doivent être assez éloignées les unes des autres pour que les grosses billes dont il va être parlé , puissent passer entre elles sans les toucher.

3. Chacune des quatre petites quilles compte pour deux points ; celle du centre est comptée pour cinq lorsqu'elle tombe seule , et pour quatre lorsqu'elle tombe avec d'autres.

4. L'on joue avec deux grosses billes (se sont celles des joueurs) , et une plus petite nommée le *casin.*

5. Le premier qui doit jouer donne l'acquit , comme il est expliqué à l'article 4 de la partie du toucher, page 46.

6. On ne perd rien lorsqu'on se blouse en donnant l'acquit , au commencement de la partie. Si on blouse le casin , on ne perd rien non plus , mais il est mis au milieu du bord de la blouse dans laquelle il est tombé.

7. Si , en plaçant le casin pour l'acquit , toujours au commencement de la partie , le joueur fait sa bille après avoir frappé la petite bande , elle est placée sur la mouche dite la pénitence ; mais s'il la fait avant , l'adversaire peut à son choix faire replacer la bille où elle était avant le coup ; dans l'un ou l'autre de ces deux cas , le joueur ne perd rien.

8. En donnant le premier acquit de la partie, l'on ne perd rien, si l'on fait tomber des quilles sans blouser le casin ; mais si en même temps on fait le casin, on perd un point, et il est replacé comme il est dit à l'article 6.

9. Celui qui, dans le courant de la partie, en plaçant le casin lui fait toucher une bille, perd un point ; il en perd deux s'il lui fait toucher les deux billes ; il en perd trois s'il se blouse en même temps ; il en perd quatre, si les deux billes touchées par le casin sont blousées. Dans ces différens cas, il perd en outre la valeur des quilles abattues.

10. Dans les cas de l'article ci-dessus, la bille du joueur ou celle de son adversaire qui a été faite, est placée au milieu du bord de la blouse où elle est tombée ; le casin est également placé sur le milieu du bord de la blouse où il a été fait, pourvu toutefois qu'il ait frappé la petite bande du haut avant l'une des billes ; dans le cas contraire, l'adversaire peut faire recommencer le coup : les billes et les quilles sont alors replacées où elles se trouvaient au jugement de la galerie ou au jugement du marqueur.

11. Lorsque remettant le casin dans le courant de la partie, on lui fait toucher la bille avant d'avoir frappé la petite bande du haut, de manière à changer la nature du coup suivant, le joueur perd six points en sus de ceux faits en même temps.

7

12. Si dans ce cas, la bille n'a été que légèrement éloignée de la place qu'elle occupait, le joueur ne perd que deux points ; cependant si le coup de celui qui doit jouer ensuite en est gêné, il peut faire recommencer le premier coup qui, alors, sera regardé comme nul.

13. Lorsque le casin saute ou qu'il est fait, celui qui doit jouer donne son coup. Ensuite celui qui a fait sauter le casin, le place comme à l'acquit, en se mettant pour le pousser du côté où il a été fait, si c'est dans une blouse des coins ; il se met où il veut, si le casin a été fait dans l'une des deux blouses du milieu. Mais, si en faisant sauter ou en blousant le casin, le joueur s'est perdu, il doit le placer de suite à l'acquit, afin que son adversaire puisse jouer dessus.

14. On ne peut jouer sur le casin que lorsque l'adversaire s'est perdu, par ce qu'alors il remplace la bille perdue jusqu'au coup suivant.

15. Celui qui joue la *bille en main*, doit se placer du côté opposé à celui où se trouve la bille de son adversaire,

16. On gagne deux points lorsqu'on fait sauter hors du billard, la bille de son adversaire ou le casin.

17. On perd deux points, lorsqu'on fait sauter sa bille ou qu'on se blouse après avoir touché la bille de son adversaire ; on en perd deux autres, lorsque cette dernière saute ou est blousée du même coup.

18. Lorsque l'on fait tomber les quilles avec le casin ou avec la bille de son adversaire , on gagne les points indiqués à l'article 3 ; on les perd lorsqu'on les fait tomber avec sa propre bille.

19. Dans la partie avec des quilles , *caramboler* c'est faire mouvoir les trois billes de quelque manière que ce soit , pourvu qu'on touche premièrement la bille de son adversaire et non le casin.

20. Lorsque l'on carambole , on gagne trois points , si le casin a été touché par la bille de l'adversaire ; on en gagne quatre s'il a été touché par la sienne. Quand les deux billes touchent successivement le casin , la première qui l'a touché compte seule pour fixer les points gagnés.

21. Celui qui touche le casin avant la bille de l'adversaire perd un point ; s'il ne touche pas cette dernière , il perd un autre point , et tous ceux qu'il peut avoir déjà gagnés ne lui sont plus comptés.

22. Lorsque la bille à jouer touche en même-temps l'autre bille et le casin , le joueur doit la chasser sans faire bouger ni l'une ni l'autre. Si , dans ce cas , il fait mouvoir la bille de son adversaire , il perd un point ; il en perd un autre s'il ébranle le casin.

23. Quand les billes sont dans la position indiquée ci-dessus , il faut pour gagner des points , que le joueur ayant chassé la sienne , celle-ci aille d'abord , frapper la bande et revienne toucher le casin , après ou en même-temps que la bille de l'adversaire.

24. Le joueur qui , touchant le casin avant sa bille , l'envoie dans une blouse perd trois points ; il en perd cinq s'il blouse en même temps la bille de son adversaire ; il en perd quatre , si cette dernière va seule dans une blouse. Dans tous ces cas , le joueur perd en sus tout ce qu'il fait par suite du coup.

25. Celui qui fait tomber des quilles avec lâ queue ou de toute autre façon , en ajustant son coup ou en se retirant , perd autant de points que les quilles ainsi renversées en représentent. S'il les a fait tomber avant d'attaquer sa bille , il donne également son coup ; mais il n'en peut tirer aucun avantage.

26. Quand une bille ou le casin s'arrête au milieu des quilles , et empêche d'en placer une sur la marque qu'elle devrait occuper , on place cette quille près de la bille sans la toucher , et du côté le plus voisin de sa marque sur le billard.

27. Lorsqu'une quille est dérangée de sa place , mais n'est pas renversée , elle ne compte ni pour le gain ni pour la perte. On la laisse où elle se trouve pendant toute la partie jusqu'à ce qu'elle ait été abattue.

28. Quand un joueur s'est perdu , si son adversaire arrête ou fait changer la direction de la bille restée sur le billard , ce dernier perd un point et ceux qu'il aurait pu gagner par le coup , si la galerie juge que cette bille se dirigeait sur le casin placé

au bord d'une blouse ; mais si la galerie juge le contraire, il ne perd rien et il profite des points perdus par le joueur qui, dans ce cas, peut exiger que la bille arrêtée ou dérangée, soit placée contre la bande et au point vers lequel elle se dirigeait, toujours au jugement de la galerie.

29. Lorsque, dans le cas précédent, le joueur ne s'est pas perdu, si l'adversaire arrête ou fait changer la direction du casin, ou celle de sa propre bille, avant que l'un ou l'autre ait dépassé les quilles, il perd neuf points ; si le casin ou la bille arrêtée ou déviée avait dépassé les quilles et n'avait pas, au jugement de la galerie, assez de force pour revenir sur elles, après avoir touché bande, il ne perd que trois points. Dans l'un ou l'autre cas, la bille reste où elle se trouve.

30. Si c'est le joueur qui arrête ou fait changer de direction à sa propre bille, on lui applique les dispositions de l'article ci-dessus, et il perd en outre les points déjà obtenus par le coup.

31. Lorsque c'est la bille du joueur qui est arrêtée ou déviée par l'adversaire, celui-ci perd deux points, et il ne peut plus compter ceux qu'il a déjà faits.

32. Quand le joueur arrête ou fait changer de direction à une autre bille que la sienne, il ne perd rien, et il compte même les points déjà faits par le coup ; mais l'adversaire alors a le droit de prendre

sa bille en main , ou si c'est le casin qui a été arrêté ou dévié , de le faire placer sur la mouche dite
la pénitence.

33. Le joueur qui , d'un seul coup et sans se perdre fait tomber toutes les quilles , soit avec la bille
de son adversaire , soit avec le casin, soit avec ces
deux billes réunies , gagne la partie ; mais il la
perd , si de ce coup, sa propre bille fait tomber une
ou plusieurs quilles , s'il se blouse , ou s'il fait sauter
sa bille hors du billard.

34. Celui qui , également d'un seul coup, fait
disparaître les trois billes , en les blousant ou en les
faisant sauter hors du billard , gagne la partie ;
mais il la perd s'il n'a pas touché d'abord la bille de
son adversaire , ou s'il a fait tomber des quilles
avec sa propre bille.

Partie des quilles sans le casin ,
IMPORTÉE DE VENISE.

Cette partie est soumise aux règles générales , et
particulièrement à celle de la partie espagnole, pour
tout ce qui n'est pas en opposition aux articles ci-
après.

Art. 1er. On joue cette partie en seize ou en
vingt points , suivant que les joueurs en conviennent avant de commencer.

2. Si l'on convient de finir la partie en seize

points , la quille du milieu ne vaut que quatre points , pour la perte ou pour le gain , si on la fait tomber seule ; elle n'en vaut que trois , si d'autres tombent avec elle.

3. L'on ne joue qu'avec deux billes, et l'on donne ou l'on reçoit l'acquit , dans les cas indiqués aux deux articles ci-après.

4. Celui qui se blouse après avoir touché , perd deux points , mais il continue à jouer ; si , en même temps , il fait la bille de son adversaire , il reçoit l'acquit pour le coup suivant.

5. Celui qui se blouse sans toucher , perd trois points et reçoit l'acquit.

Partie avec le casin sans les quilles.

Les règles de cette partie sont les mêmes que celles de la partie avec les quilles et le casin , seulement le carambolage , avec l'une ou l'autre des billes , ne compte toujours que pour trois points.

Elle se joue en seize points.

Partie perte et gain,
DITE PARTIE ANGLAISE.

(Voyez la partie de la Perte, page 24).

Art. 1.er Cette partie se joue en 30 points avec les billes de la partie française , ou la carambole à suivre.

2 La rouge se place à huit pouces de la bande du haut, c'est-à-dire à quatre pouces de la petite mouche de la pénitence.

3. Le joueur en main doit toujours poser sa bille dans le cercle des six pouces ; mais il peut se placer avec le corps, non seulement hors de la ligne des grandes bandes, mais encore contre les bandes jusqu'à la corde ou le clou.

4. En se perdant, le joueur gagne autant de points qu'il en aurait gagné à la partie française, la carambole à suivre, s'il avait fait une autre bille que la sienne.

5. Lorsqu'en se perdant, le joueur fait des points, il gagne le double des points faits.

6. Les autres règles de la partie française, la carambole à suivre, sont applicables à celle-ci.

Le lecteur remarquera que la partie Anglaise a cela d'intéressant, qu'un joueur adroit obtient un grand avantage du contenu de l'art. 3, puisqu'il peut, en choisissant sa position, se perdre quantité de fois, dans une des blouses du milieu, sur une bille qui se trouve près de la corde.

VOCABULAIRE

DES TERMES EMPLOYÉS AU JEU DE BILLARD,
PAR LES AMATEURS LES PLUS RENOMMÉS.

Acquit (donner l'). Ce coup consiste à chasser sa bille d'un seul coup de queue vers le haut du billard , en jouant du but. L'acquit se donne à la poule , à la partie blanche , à la partie russe , à celle à quatre billes et à celle de la blouse défendue. Pour que l'acquit soit bon , il faut que la bille dépasse les blouses du milieu. Si le joueur n'est pas content de son acquit il peut , dans certaines parties, réclamer la pénitence (*Voyez* art. 7, page 33).

Accroc. Déchirure faite au tapis par un joueur. Dans les billards publics , celui qui fait un accroc , doit indemnité au propriétaire.

Bandes. Bords de la table du billard. Il y en a quatre , deux petites et deux grandes.

Bas. Partie inférieure du billard , depuis la petite bande jusqu'à la corde ; les billes s'y trouvant rentrées constituent le coup de bas. (*Voyez* quartier).

Basin (bille au). C'est croiser une bille qui se trouve près d'une grande bande , et qui va dans la blouse opposée en décrivant une diagonale.

Batonner signifie qu'une bille n'ayant pas été frappée d'abord sur son centre , est , par un second mouvement , poussée ou déplacée par un des côtés de la queue.

Billard. La table sur laquelle s'exercent les joueurs porte le nom du jeu. Un billard est composé de trois parties principales : la table , le tapis et les bandes. La table est élevée de trente à trente-quatre pouces de hauteur ; elle a ordinairement dix à onze pieds de longueur et cinq à cinq et demi de largeur entre les bandes. Celles-ci au nombre de quatre , encadrent la table , et sont rembourrées et couvertes de drap sur leur partie intérieure. Un drap vert *(le tapis)* est attaché en dessus , autour de la table et la recouvre entièrement. Aux quatre coins , et au milieu des longues bandes , sont pratiqués des trous , nommés *blouses* qui doivent recevoir les billes.

On nomme également *billard* la masse ou la queue recourbée avec laquelle on pousse les billes (Voyez *masse , talon*).

Billard (être dans le) , c'est avoir le corps et les deux pieds en dedans de la direction des deux grandes bandes.

BILLARDER , c'est chasser d'un même coup deux billes à la fois , c'est-à-dire quand l'impulsion donnée à sa propre bille est en même temps reçue par une autre , et qu'il n'y a pas eu deux coups distincts. (*Voyez* QUEUTER).

Billarder se dit aussi lorsqu'on touche sa bille deux fois en la poussant ; cette faute fait perdre un point. (*Voyez* QUEUTER).

BILLES. Boules d'ivoire avec lesquelles on joue au billard. Il y en a de diverses couleurs pour les différentes parties. Leur valeur dans le jeu varie suivant les couleurs.

BILLE COUPÉE OU AU COUPÉ. Bille touchée d'un coup sec qui l'effleure de façon à la pousser sur une ligne droite qui forme angle avec la direction de la bille choquante. Si le coup avait assez de force , la bille serait croisée.

BLANCHES (parties). On nomme ainsi les parties qui ne se jouent qu'avec deux billes blanches.

BLOQUER une bille. L'envoyer directement dans une blouse en la frappant fortement avec la sienne.

BREDOUILLE. Cette expression n'est employée que dans les parties à écrire ; sa valeur est expliquée dans les règles des deux parties page 43 et page 45.

BLOUSES. Les blouses , enfoncemens demi-circulaires de deux pouces de diamètre , sont au nombre de six. Elles sont destinées à recevoir les billes , et elles sont placées aux quatre coins de la table , et au milieu des deux grandes bandes.

BLOUSER (se). Faire aller sa propre bille dans une blouse.

Bricole. Jouer en bricole ou de bricole, c'est frapper une bande quelconque avant la bille que l'on veut toucher.

Bricoler. Jouer de bricole.

But. Le but, à proprement parler, est l'espace renfermé par un demi-cercle d'un pied de diamètre environ, et la ligne qui sert de limite au quartier. Dans les parties françaises (*Voyez* page 62), le but est seulement dans ce demi-cercle, mais dans les autres parties, telles que la poule, la partie à six billes, etc. le but s'étend dans tout le quartier. Très-souvent on appelle ce demi-cercle *les six pouces* ; on dit : *mettez-vous dans les six pouces*.

Cadette. Queue plus longue qui sert pour les coups éloignés des bandes.

Carambolage. Action de toucher successivement ou simultanément deux billes avec la sienne. On gagne deux points lorsque l'on carambole.

Casin. Nom de la petite bille dont on se sert dans les parties avec des quilles, et dans celles où l'on fait usage de billes de différens diamètres, comme dans la partie du toucher dit *Tocco*.

Chouette (faire la). Jouer seul contre deux *partners*, et donner ainsi deux coups de queue, tandis que chacun d'eux n'en donne qu'un.

Coller une bille. La jouer de manière qu'elle s'arrête très-près d'une des quatre bandes.

Consolation. Points accordés dans certains cas, aux parties à écrire.

Contre-coup. Il y a contre-coup, ou simplement *contre*, lorsque la même bille en frappe une autre deux fois.

Contre-coup. Il se fait lorsqu'une bille ayant frappé sur une bande, rencontre une autre bille qui l'envoie dans une blouse même de la bande frappée.

Corde. Nom de la ligne blanche faite à l'aiguille, sur le tapis, pour marquer la limite du quartier d'en bas.

Corder (se). Placer sa bille de façon à ce qu'elle ne dépasse pas la corde, et rentrer ainsi sa bille dans le quartier.

Coup de bas (donner le). Fairé entrer les billes dans le quartier, pendant que l'adversaire est en main, de sorte que celui-ci ne puisse tirer dessus avec la sienne qu'en doublant le billard.

Coup dur. Lorsqu'une bille est collée contre une bande et qu'on la frappe avec une autre suivant la direction qui passe par son centre, elle reste en place, et l'autre bille revient sur elle-même vers le point d'où elle était partie. C'est ce qu'on appelle coup dur.

Croiser. Envoyer une bille contre une bande d'où elle revient vers la bande opposée, tandis que sa propre bille, après avoir choqué celle de l'adversaire, va frapper la bande adjacente, et croise en revenant la ligne que suit l'autre bille.

Décoller. Eloigner une bille de la bande du billard.

Doubler le billard. Faire parcourir deux fois sa longueur à une bille.

Doubler une bille. C'est, en frappant celle de son adversaire, l'envoyer contre une bande d'où elle revient s'arrêter contre la bande opposée. On dit aussi doubler une bille lorsqu'on lui a fait frapper la bande opposée à la blouse dans laquelle elle vient tomber.

Doublet. Bille faite après avoir frappé une bande dont l'élasticité l'a renvoyée dans la blouse opposée.

Drap. (Voyez billard).

Droite (bille). La bille est droite lorsque les deux billes et la blouse sont sur la même ligne.

Enjeu. Argent que l'on met au jeu en commençant.

Effets de queue. On nomme ainsi le résultat d'un coup obtenu par la manière d'attaquer la bille plus ou moins loin de son centre, avec la queue, en retirant ou en allongeant le bras, et en frappant plus ou moins fort.

Avant la connaissance acquise *des effets de queue*, si habilement employés par le célèbre *Mingaud*, les auteurs qui avaient écrit sur le jeu de billard , prétendaient que le problème de ce jeu trouvait sa solution dans ce principe que nous reproduisons , quoique nous en niions l'exactitude , *que l'angle d'incidence de la bille contre une des bandes était toujours égal à l'angle de réflexion.* Nous prétendons nous , et l'expérience a justifié cette prétention , que la force du coup fait plus ou moins rétrécir ou étendre la ligne ou l'ouverture de l'angle , au retour de la bille.

FAUSSE QUEUE (faire), c'est un faux mouvement de la quene qui n'ébranle pas la bille. Quelques joueurs confondent ce terme avec celui *queuter*, ce en quoi ils se trompent.

GALERIE (la). On est convenu de nommer ainsi , dans les établissemens publics , la réunion des personnes qui s'amusent à voir jouer au billard. La galerie prononce dans beaucoup de cas, sur le résultat des coups , lorsque les joueurs ne sont pas d'accord. A son défaut , l'on doit s'en rapporter au marqueur. Les personnes intéressées au jeu ne sont pas considérées comme faisant partie de la galerie.

GRAND COUP. Réunion de toutes les réussites possibles au jeu.

HAUT. Partie supérieure du billard , ou opposée au quartier aussi nommé *bas* (voyez le mot *bas*). Le haut et le bas du billard peuvent néanmoins changer d'après la convention des joueurs; par exemple ils pourront dire : le haut sera de tel ou tel côté, auprès de tel ou tel objet , toujours dans la longueur.

MAIN (être en). Un joueur est en main lorsque sa bille vient d'être faite par son adversaire , ou qu'il s'est perdu lui-même.

MANQUE DE TOUCHE. Le manque de touche a lieu lorsque sans se perdre, on ne touche avec sa bille aucune de celles sur lesquelles on a droit de jouer. En manquant à toucher on fait gagner un point à son adversaire.

MARQUE. A la partie de la poule , on marque le joueur, lorsqu'il fait une faute, et dans tous les cas indiqués par les règles de cette partie ; il est effacé de la liste des joueurs, quand il a été marqué le nombre de fois convenu *(Voyez mort).*

MARQUEUR. On appelle ainsi dans les établissemens publics, l'homme chargé de marquer les points de chaque joueur. Il prononce sur le résultat des coups, lorsqu'il n'y a pas de témoins désintéressés formant ce qu'on nomme *la galerie*.

MASSE. Gros bout de la queue (Voyez *billard* , *talon*).

MASSER. C'est pousser la bille en la conduisant avec la masse ou le talon.

MÊME (bille faite au) , se dit d'une bille poussée dans une blouse sans le secours du doublet ou de la bricole.

MIRER , c'est mesurer de l'œil le chemin que l'on veut faire suivre à sa bille.

MORT. A la poule, le joueur est mort lorsqu'il a été marqué le nombre de fois prescrit par les règles ou les conventions.

MOUCHE. Point indiqué sur le tapis par une petite rondelle de taffetas ; il y a quatre mouches, l'une au milieu du but ou de la corde du quartier, une autre au milieu du billard , une troisième vers l'extrémité du haut, sur laquelle on place la bille rouge dans toutes les parties où elle figure ; et une quatrième enfin tout près de la petite bande , dont elle est éloignée d'environ quatre pouces, ou d'une quantité égale à deux fois le diamètre d'une bille ; c'est sur cette dernière qu'à la poule, on met la bille de l'acquit à la pénitence.

MOURIR. *(Voyez mort)*.

PARTIES LIÉES. Plusieurs parties jointes ensemble.

PARTIES FRANÇAISES. On nomme ainsi les suivantes : 1.º la partie *ordinaire* ; 2.º la partie *à suivre* ; 3.º celle des *trois blouses* ; 4.º la partie *française à écrire* ; 5.º la partie de *doublet* , etc. , etc.

PÉNITENCE (mettre une bille à la). La placer sur la mouche la plus près de la petite bande du haut. *(Voyez mouche)*.

PERDRE (se). Envoyer sa propre bille dans une blouse.

POULE. La réunion de tous les enjeux.

POSTILLON. Terme expliqué dans les règles de la partie à écrire, page 44.

Prendre a faire , à la poule c'est s'engager à faire la bille , ou à prendre une marque.

Procédé. Nom donné à une rondelle de buffle ou de tout autre cuir épais, qu'on fixe au moyen de colle-forte, au petit bout de la queue. Avec une queue à procédé, on est moins en danger de faire en jouant un accroc au tapis, et l'on fait plus facilement ce qu'on nomme *effet de queue.*

Quartier. On nomme ainsi l'espace d'où l'on joue en commençant la partie. Le *quartier* est marqué par une ligne droite tirée d'une des longues bandes à l'autre. Cette ligne et le point de la bille rouge se mettent ordinairement au cinquième de l'étendue de la table, à partir des deux petites bandes. En dedans de la ligne qui forme le quartier, on trace un demi-cercle d'environ un pied de largueur, et dont le point ou la mouche doit être le centre. Dans toutes les parties françaises , le joueur qui a la bille en main , ne peut la placer en dehors de ce cercle pour donner son coup.

Queue. Instrument dont on se sert pour pousser les billes. Cet instrument est rond et fait de bois; il a environ cinq pieds de longueur, son gros bout , qu'on nomme masse ou talon, a souvent deux pouces de diamètre , tandis que le petit bout n'a qu'à peu près six lignes.

Queue. Est aussi un terme employé dans les règles de la partie à écrire, page 44, où sa valeur est expliquée.

Queutage, action de *queuter.* Voyez ce mot.

Queuter. C'est 1.° donner un coup de l'un des bords du petit bout de la queue sur un des côtés de la bille , au lieu d'avoir rencontré les deux centres; ce qui lui fait prendre une direction différente de celle qu'on se proposait lui donner ; 2.° c'est conduire sa bille avec la queue après l'avoir frappée du bout ; cette dernière faute fait perdre un point ; 3.° C'est encore *queuter* lorsque la bille sur laquelle on joue est assez près de la sienne pour recevoir l'impulsion du coup de queue. En lisant l'explication du mot *billarder ,* on verra que des joueurs confondent parfois ce mot avec celui *queuter*; c'est pourquoi nous avons dans chaque règle, indiqué l'acception du mot employé.

QUILLE. Petit cône de bois que tout le monde connaît. Au jeu de billard on se sert de petites quilles dans quelques parties italiennes.

RACCROC. Points faits sans avoir été prévus.

RATELIER. Châssis muni dans le haut d'une planche garnie de trous faits pour placer les queues.

SAUT. On appelle *saut*, ou faire *sauter une bille*, lorsque le joueur, en donnant son coup, lance sa bille ou fait sauter celle sur laquelle il joue au dehors du tapis. La bille est réputée sautée si elle reste sur la bande, si elle retombe sur le billard, ou si, par une cause indépendante du joueur, elle est renvoyée sur le tapis.

SIX POUCES (se mettre dans les), c'est se placer dans le demi-cercle tracé au milieu de la ligne droite nommée *la corde*, qui sert de limite au *quartier* (Voyez ce dernier mot).

TABLE (Voyez *billard*).

TALON. Gros bout de la queue (Voyez *masse*, *billard*).

TALON (coup de). Ce coup consiste à toucher la bande avant la bille sur laquelle on joue (Voyez *bricole*).

TAPIS. On nomme *tapis* le drap qui couvre la table du billard.

TIRER LE BILLARD. C'est pousser sa bille ainsi qu'il est expliqué à l'art. 1.er page 9, afin de savoir à qui appartiendra le droit de commencer la partie.

F I N.

www.ingramcontent.com/pod-product-compliance
Ingram Content Group UK Ltd.
Pitfield, Milton Keynes, MK11 3LW, UK
UKHW022143070726
13613UKWH00003B/1403